Miguel Ángel Fuentes

Colección Virtus

I0159715

La Tristeza y la Melancolía en algunos clásicos espirituales españoles

P. Miguel Fuentes, IVE

EDIVE

San Rafael (Mendoza) Argentina - Año 2017

Justificación

Estas páginas fueron redactadas originalmente para el *Vº Congreso de Psicología del Sur Mendocino y Iº Simposio Internacional de Psicología Realista* (San Rafael, octubre de 2017), que tuvo como tema "Ansiedad y Depresión". Por tanto se dirigió principalmente a profesionales y estudiantes de psicología.

Para justificar el argumento de mi disertación partí de tres preámbulos que creo conveniente volver a recordar como introducción de esta publicación.

Primer preámbulo: el psicoterapeuta, así como el médico, no tiene delante suyo ni *la enfermedad* ni *un enfermo*, sino, estrictamente hablando *un hombre afectado por una enfermedad*. Esto es, una persona doliente. *La enfermedad* es una abstracción; *un enfermo* es una consideración reductiva, pues la dimensión patológica es solo un aspecto del paciente, el cual es mucho más que el mal que lo aqueja. Por tanto, si debo tratarlo correctamente para lograr su salud —o, al menos, para intentarlo— debo saber qué es el hombre y no solo la enfermedad del hombre. Decía Gustave Thibon que no se puede saber qué tiene el enfermo mientras no sepa qué es el enfermo. Se puede añadir que tampoco se puede saber qué es el enfermo si no se sabe qué es el hombre. Porque el enfermo es un *hombre* enfermo.

Segundo preámbulo: el sufrimiento solo es aislable como abstracción mental. Esto significa que puedo definir qué es el sufrimiento con una enunciación neutra e impersonal; pero en el hombre real es un fenómeno imbricado en un entresijo de dimensiones, algunas de las cuales pueden ser, precisamente, el origen de su dolor, o aquello que impide que este se solucione, o, incluso, aquello que lo agrava. Esas otras dimensiones o realidades que entrecierran el padecimiento destacamos: las ideas fundamentales que dominan la mente de la persona doliente (sobre sí mismo, sobre los demás hombres, sobre el mundo, sobre Dios, sobre el mal, sobre la vida y la muerte...); sus hábitos y costumbres; sus pasiones; sus relaciones familiares y amicales; sus amores y rencores; su historia biográfica... y tanto más. El hombre que el médico, el psiquiatra y el psicólogo tienen delante, por tanto, es alguien situado en la historia, dotado de una complejidad y una riqueza que no puede ser dejada de lado si se quiere entender su mal. Porque para entender su padecimiento, hay que entenderlo a él, al hombre que sufre, y él es mucho más que su dolor.

Último preámbulo: la ciencia moderna ha perdido la capacidad de lograr esta comprensión integral del hombre. Galeno decía, en torno al 130 d.C., que "el mejor médico es también filósofo". Tras esta visión, en las universidades medievales, las primeras de la historia, se prescribía que nadie pudiera comenzar a estudiar medicina sin haber cursado primero la facultad de artes, es decir, sin haber adquirido el saber filosófico. Para la mayoría de nuestros contemporáneos la ciencia y la filosofía están en polos opuestos; incluso irreconciliables. La ciencia moderna es materialista, cerrada al saber metacientífico, meta-físico. Y es, además, fragmentaria y altamente especializada. La especialización es, en cierto modo, una riqueza, pero por otro lado, puede significar su pobreza y límite. Porque pone en riesgo de perder el horizonte. La eficacia técnica sobre el detalle es asombrosa en nuestro tiempo; pero la ignorancia sobre dónde encajar ese detalle en el todo del hombre y del mundo, es más asombroso todavía. Y, además, lamentable. Hay especialistas en pinos de Bristlecone que parecen ignorar la existencia de los bosques; y brillantes neurólogos que encandilados con las dendritas y los neurotransmisores han perdido al hombre que se sirve de ellas para pensar, amar y rezar.

Para no quedar encerrados en estos límites es necesario una visión a la vez profunda e integral.

Precisamente, una fuente maravillosa —aunque subsidiaria— para lograr tal visión nos la puede ofrecer la familiaridad con los clásicos de todos los tiempos y de todas las culturas. En nuestro caso, por nuestro origen, nos resultan más cercanos los de la tradición greco-romana, y la cultura cristiana occidental. Los clásicos nos ayudan a pensar y a penetrar la realidad; a formular la verdad con belleza, concisión y exactitud. Aprendemos más sobre el hombre, el bien, el dolor, el afecto, la vida y la muerte, el amor y la perfección, la enfermedad y la locura en una tragedia de Sófocles, en un drama de Shakespeare, o en los formidables versos homéricos, que en todos los libros de psicología y autoayuda juntos del más tupido estante de una biblioteca moderna.

Mi intención es muy acotada. Aquí no se encontrará ninguna exposición adecuada sobre la tristeza sino una humilde, pero ardiente, invitación a alimentar nuestro conocimiento en el abrevadero inagotable de los clásicos. Podría haber elegido los clásicos griegos, las tragedias de Shakespeare —de lectura obligatoria para todos los psicólogos serios—, las profundas páginas psicológicas de los literatos rusos (con Dostoievski a la cabeza), y tantos más. He elegido un puñadito de clásicos españoles del siglo de oro, la mayoría cristianos y santos, solo a modo de muestra.

Es solo un ejemplo de la mucha riqueza que esconden. Queda en pie la invitación a quienes cultivan las ciencias que tratan del hombre y a quienes tratan con los hombres, para que se alimenten sin cesar con las luces de los grandes pensadores.

I

La tristeza y la melancolía

La tristeza es un tema que tiene mucha importancia en la vida psicológica y espiritual. Y como tal ha llamado la atención no solo de los psicólogos, sino de todos los estudiosos de la persona humana, incluidos los autores espirituales. Voy a pasar revista, en esta conferencia, a algunas consideraciones sobre el tema que encontramos en los grandes clásicos de la espiritualidad católica del llamado Siglo de Oro español (siglo XVI), limitándome, por razones no solo espacio-temporales, sino también académicas, a unos pocos de ellos, cuyos nombres resonarán a continuación con cierta asiduidad.

Aclaro de antemano que, como movimiento pasional, la tristeza es un fenómeno moral y psicológicamente ambivalente. Por tanto, hay tristezas *moralmente* malas y buenas, y *psíquicamente* nocivas y útiles. Como en cualquier pasión la calificación dependerá de su objeto, de su intensidad y de los efectos que cause. Así, unas son dañinas y otras, hasta cierto punto, favorables al hombre; unas lo marchitan y otras lo empujan a elevarse por sobre la mediocridad. Entre las primeras contamos, por ejemplo, la tristeza que se manifiesta como frustración, pesimismo radical y depresión existencial; entre las segundas, la tristeza de quien se ve lejos de los ideales que se ha propuesto alcanzar. Escribe el psiquiatra Poveda Ariño, especialista en la psicología de santa Teresa de Jesús: "Hay una tristeza reactiva, comprensible y, hasta cierto punto, normal. La tristeza de la melancolía es más entrañada. Es, [como dice santa Teresa], una «muy profunda tristeza»"[1]. Vamos a tratar aquí de esta tristeza de aspecto preferente dañino, objeto de particular interés psicológico.

Fray Luis de Granada describía, con justeza, a la tristeza con la metáfora de la "oscura niebla"[2]. Se trata de una pasión de notable importancia en la vida psíquica de la persona. Lo que se evidencia, entre otras cosas, en la amplitud del vocabulario acuñado para designarla, indicando no solo la frecuencia con que se la menta sino las múltiples facetas que adquiere. Recurren, así, términos como tristeza, dolor, amargura, melancolía (o *malenconía*, como figura en el romance del Conde Alarcos, escrito a inicios del 1500 o tal vez antes), cuita ("mucho se h'acuitado", dice el *Romance de Landarico*), aflicción, desconsuelo, angustia ("Triste está el rey David / lleno de angustia y pasión", dice el *Romance de David llorando a Absalón*), etc.

Es una de las pasiones más importantes de nuestro mundo afectivo al que fray Luis de Granada presentaba de este modo en su *Introducción del símbolo de la Fe*: "[en la parte afectiva del ánima sensitiva] están los afectos y pasiones naturales, los cuales sirven para apetecer y procurar las cosas provechosas y huir las dañosas, que no menos son necesarias para la conservación de nuestra vida y de cualquier animal. Y entre estos afectos y pasiones hay dos principales, los cuales son raíces y fundamento de todos los otros, que son amor y odio, conviene saber: amor del bien particular que nos puede

---

[1]   Poveda Ariño, J.M., *La psicología de Santa Teresa de Jesús*, Madrid (1984), 135.
[2]   Fray Luis de Ganada, *Libro de la oración y meditación*.

aprovechar, y odio y aborrecimiento de lo que nos puede empecer, para que así el animal, procurase lo bueno y conveniente para su conservación, y huyese lo malo de que se podía seguir su destrucción. Porque faltando estos dos conceptos, quedaría el animal, o como ave sin alas, o galera sin remos, para no poder buscar lo que le era provechoso, y huir lo contrario. (...) Mas aquí es de notar que, destos dos afectos, como de dos raíces principales, nacen otros. Porque del bien que amamos, cuando está ausente, nace deseo, y cuando está presente, alegría. Otrosí del mal que aborrecemos, cuando está ausente, nace huida, que es deseo de evitarle, y cuando está presente, tristeza. Y estas seis pasiones, que son amor y odio, deseo y huida, alegría y tristeza, llaman los filósofos la parte concupiscible de nuestra ánima, porque tiene por oficio codiciar estos bienes sensibles"[3].

Sebastian de Cobarrubias, en 1611, definía la melancolía, en su *Tesoro de la lengua castellana o española*, de este modo: "enfermedad conocida y pasión muy ordinaria, donde hay poco contento y gusto; es nombre griego melancolía, atrabilis. Suélenla definir en esta forma: «Melancolía est mentis alienatio ex atraíble nata cum moestitia metuque coniuncta» [la melancolía es una alienación de la mente unida a la tristeza y al miedo]. Pero no cualquiera tristeza se puede llamar melancolía en este rigor; aunque decimos estar uno melancólico cuando está triste y pensativo de alguna cosa que le da pesadumbre. Melancolizarse, entristecerse. Melancólico, triste y pensativo en común acepción. Algunos dicen melachía y melárchico"[4].

---

[3] Fray Luis de Granada, *Introducción del símbolo de la Fe*, c. XXXIII.
[4] Covarrubias Horozco, Sebastián de, *Tesoro de la lengua castellana o española*, Madrid (1611).

Santa Teresa de Jesús la llama con frecuencia "humor de melancolía", porque en su época se pensaba que las bases temperamentales dependían de la predominancia de lo que denominaban *humores*: sangre, linfa, bilis y pituita. Lo que en la antigüedad se denominaba "melancolía" o "humor de melancolía" abarcaba mucho más que la depresión actual, incluyendo otros trastornos e incluso ciertas personalidades psicóticas[5]. Pero lo más notorio era, como lo sigue siendo hoy, "una enfermedad caracterizada por la presencia de una tristeza patológica".

Es la tristeza una reacción del apetito desatada por la percepción de un mal interior presente. Es sensitiva cuando su objeto es un mal interno sensible captado por los sentidos, y racional si el objeto es un mal sensible pero captado por la razón o bien un mal espiritual. Admite, además, muchas otras divisiones, según la naturaleza de esos males (Gregorio Niseno y Juan Damasceno distinguían, por ejemplo, entre compasión — tristeza del mal ajeno estimada como mal propio—, envidia — tristeza del bien ajeno estimada como mal propio—, angustia — tristeza profundamente opresiva; angustia viene precisamente de angostura—, y acedia —tomada aquí como abatimiento paralizante).

Fenomenológicamente se nos presenta como una suerte de "estrechamiento", "encogimiento" o "aplastamiento". Es como si se nos cargase un gran peso sobre el alma. Los mismos nombres que recibe lo insinúan: "angustia" (de *angostura*); "abatimiento"; "tristeza" (de *tinieblas*). La tristeza produce una parálisis y un ahorcamiento del alma y del mismo cuerpo. De ahí

---

[5]   Cf. Poveda Ariño, J.M., *La psicología de Santa Teresa de Jesús*, 74 y 135.

sus signos externos: lentitud de movimientos, hombros caídos, sensación de un gran peso, mirada perdida, lágrimas, etc. San Juan de Ávila la llama con justeza "caimiento de corazón"[6]. Y Fray Luis de León, comentando el libro de Job dice que "a los tristes y afligidos se les caen con el ánimo las manos también; que la naturaleza, por acudir al corazón que la congoja oprime, desampara lo de fuera, y ansí se cae como si estuviese sin alma. Y porque la tristeza obra esto en las manos, por eso las *manos flojas* significan la tristeza y el descaimiento del ánimo"[7].

Santa Teresa, en sus *Cuentas de conciencia*, que son como una suerte de "biografía interna", es decir, de sus estados espirituales y anímicos, nos ha dejado una magnífica descripción de los momentos en que le sobrevenían sufrimientos melancólicos, los cuales, la santa llevaba con mucha resignación y reaccionando con gran energía. Nos dice así, en unos recuerdos que datan de los últimos meses de 1560: "Viénenme algunos días —aunque no son muchas veces y dura como tres o cuatro días— que me parece que todas las cosas buenas y hervores y visiones se me quitan, y aún de la memoria, y aunque quiera no sé qué cosa buena haya habido en mí; todo me parece sueño, u a lo menos no puedo acordar de nada. Apriétanme los males corporales en junto; túrbase el entendimiento, que ninguna cosa de Dios puedo pensar ni sé en qué ley vivo. Si leo, no lo entiendo; paréceme estoy llena de faltas, sin ningún ánimo para la virtud, y el grande ánimo que suelo tener queda en esto, que me parece a la menor tentación y murmuración del mundo no podría resistir. Ofréceseme

---

6 Cf. San Juan de Ávila, *Audi, filia*, c. 23; en *Obras completas*, T. I, B.A.C., Madrid 1970, p. 612.
7 Fray Luis de León, *Exposición del libro de Job*, IV, 5.

entonces que no soy para nada, que quién me mente en más de en lo común. Tengo tristeza, paréceme tengo engañados a todos los que tienen algún crédito de mí; querríame esconder donde nadie me viese, no soledad para virtud, sino de pusilanimidad; paréceme querría reñir con todos los que me contradijesen. Traigo esta batería, salvo que me hace Dios esta merced, que no le ofendo más que suelo ni le pido que quite esto, mas que, si es su voluntad, que esté así siempre, que me tenga de su mano para que no le ofenda, y conforme con Él de todo corazón, y creo que lo no tener siempre así, es merced grandísima que me hace"[8]. Poveda Ariño piensa que esta descripción corresponde a "la melancolía endógena..., un trastorno que se manifiesta en forma fásica: que va y viene sin motivos. Que deja al sujeto interiormente paralizado"[9].

Creían muchos de los antiguos que su sede era el corazón, porque es allí donde sentimos sus principales repercusiones[10]. Y así dice fray Luis de Granada que esto lo

---

[8]   Santa Teresa de Jesús, *Cuentas de Conciencia*, 1, 29-30.

[9]   Poveda Ariño, J.M., *La psicología de Santa Teresa de Jesús*, 137.

[10] Incluso para Santo Tomás el movimiento del corazón era determinante en el origen interno de los movimientos pasionales: "El movimiento de ira viene a ser causa de cierta efervescencia de la sangre y de los espíritus junto al corazón, que es el instrumento de las pasiones del alma. De ahí que, por la gran perturbación del corazón que se da en la ira, aparezcan principalmente en los airados ciertas señales en los miembros exteriores. Porque, como dice San Gregorio: *inflamado por los estímulos de la ira, el corazón palpita, el cuerpo tiembla, trábase la lengua, el rostro se enciende, se vuelven torvos los ojos, y de ningún modo se reconoce a los conocidos; con la boca forma sonidos, pero el sentido ignora lo que habla"* (*S.Th.,* I-II, 48, 2). Es indudable que en toda pasión hay una

"experimentamos cada día, porque manifiestamente sentimos encenderse la sangre del corazón con la ira, y apretarse con la tristeza, y dilatarse con el alegría, los cuales dos afectos pueden crecer tanto, que destemplen de tal manera el corazón, que nos quiten la vida, como muchas veces acaece"[11].

---

modificación del ritmo cardíaco (aceleración o desaceleración). Las manifestaciones orgánicas externas serían, para los antiguos, engendradas por el ritmo del corazón, el cual a su vez sería moderado por el movimiento del alma, que es la causa formal de la pasión.

[11] Fray Luis de Granada, *Introducción del símbolo de la Fe*, c. XXXIII.

II

Los grandes daños que se siguen de la tristeza

"Aleja de ti la tristeza, pues a muchos mata y no hay utilidad en ella", dice el libro del Sirácida (30,24-25). Hablamos, como hemos dicho, de la mala tristeza. San Ignacio de Loyola, en sus *Reglas de Discernimiento de Espíritus* la atribuye al "mal espíritu", es decir, al demonio, de quien "es propio (...) morder, *tristar* [esto es, entristecer] y poner impedimento"[12].

1) Daño psíquico

Como señala santa Teresa de Jesús, el principal efecto de la tristeza, o *humor de melancolía*, como ella lo denomina, es impedir la razón; y, entumecida esta, se sigue el desgobierno de muchas otras pasiones que se ven carenciadas de la luz intelectual que ha de gobernarlas. Escribe la santa: "Como lo que más este humor hace es sujetar la razón, ésta obscura, ¿qué no harán nuestras pasiones? Parece que si no hay razón, que es ser locos, y es así"[13]. En carta a su hermano, dice: "Terrible cosa es este humor, que hace mal a sí y a todos"[14].

Este es el motivo por el que los sabios directores de almas desconfiaban mucho de fomentar la tristeza, incluso si esta tenía un buen objeto. Así recomendaba san Juan de Ávila a

---

12 San Ignacio, *Ejercicios Espirituales*, nº 315.
13 Santa Teresa de Jesús, *Las fundaciones*, c. 7.
14 Santa Teresa de Jesús, *Carta* 317, 11.

una persona: "guardaos mucho de afligir vuestro corazón con tristezas forzadas, que suelen echar alguna lagrimilla forzada; porque impiden el sosiego que para este ejercicio [la oración]es menester...; y suelen secar el corazón y hacerle inhábil para la divina visitación, que pide paz y sosiego; y aun suelen destruir la salud corporal, y dejar el ánima tan atemorizada con el disgusto que allí sintió, que teme otra vez de tornar al ejercicio como a cosa penosa". Muy distinto, en cambio, considera el mismo autor, cuando esto surge espontáneamente y como don de Dios —lo que muchos de estos autores llamaban "don de lágrimas"—, pero aun así, el santo exige dominio y moderación de tales sentimientos: "Mas si con vuestro pensar sosegado, el Señor os da lágrimas, compasión y otros sentimientos devotos, debéislos tomar, con condición que no sea tanto el exceso con que se enseñoreen de vos, que os dañen a la salud con daño notable, o que quedéis tan flaca en los resistir, que os hagan, con gritos y con otras exteriores señales dar muestra de lo que sentís: porque si a esto os acostumbráis, vendréis a hacer entre gente, y con grande nota, lo mismo que en vuestra celda, sin lo poder resistir; de lo cual es razón que huyáis. Y por esto habéis de tomar estos sentimientos o lágrimas de tal arte, que no os vayáis mucho tras ellas, porque no perdáis por seguirlas aquel pensamiento o afección espiritual que las causó"[15].

A Doña Isabel de Ávalos, escribía el mismo autor consolándola de la muerte de su hermano: "Desembarácese vuestra merced de la demasiada tristeza"[16]. Y a otra mujer que penaba por la muerte de su hermana, le dice: "como no tenemos licencia para los demasiados placeres, tampoco la hay para la

---

[15] San Juan de Ávila, *Audi filia*, c. 74.
[16] San Juan de Ávila, *Carta 27*, a Doña Isabel de Ávalos, p. 432.

demasiada tristeza; pues en lo uno y en lo otro debemos ser sujetos la santa Ley de Dios. Que no menos cumplimos nuestra voluntad en llorar y penar hasta hartar, que en vanamente reír y regocijarnos. No menor impedimento es para servicio de Dios la tristeza, que consume y derriba el vigor del corazón, que la vana alegría, que se hace disoluta y sin peso (...) Y no sólo no aprovecha, mas mucho daña (...) Por lo cual, ilustrísima señora, abra su corazón a la palabra de Dios, y entienda que, no por ser atribulado uno es amigo de Dios, sino por pelear contra la tribulación, y llevarla a lo menos con paciencia, si no pudiere con alegría. Levante el corazón caído y *esfuerce las manos enflaquecidas* (Is 35, 3), y luche con el gigante, que es el dolor, para que quede probada en la tentación, y gloriosa con la victoria"[17].

2) Daño físico

Pero los efectos no se detienen en la parte meramente afectiva, sino que repercuten corporalmente. Santo Tomás llega a decir: "la tristeza es, entre todas las pasiones del alma, la que daña más al cuerpo, pues se opone a la vida del hombre en cuanto a la esencia de su movimiento"[18]

---

[17] San Juan de Ávila, *Carta 28*, p. 434-436.

[18] Santo Tomás, I-II, 37,4. Continua el texto: "La vida humana consiste en cierto movimiento que del corazón se difunde a los demás miembros; movimiento que conviene a la naturaleza humana según determinada medida. Si, pues, este movimiento se extralimita de la medida conveniente, será contrario a la vida humana en cuanto a la medida, pero no en cuanto a la esencia de ese movimiento [*es decir, al menos es movimiento, lo cual ya es algo*]. Pero si impide el proceso del movimiento, le será opuesto según su misma especie... Las pasiones que implican un

Y es capaz de causar hasta la misma muerte; de lo que se hace eco Cervantes al escribir de uno de sus personajes, que "acabó en breves días la vida a las rigurosas manos de tristezas y melancolías"[19]. La misma muerte del hidalgo caballero la atribuye su autor a esta pasión: "Fue el parecer del médico que melancolías y desabrimientos le acababan". Se lo hace notar Sancho al clamar: "¡Ay! —respondió Sancho, llorando—: no se muera vuestra merced, señor mío, sino tome mi consejo y viva muchos años, porque la mayor locura que puede hacer un hombre en esta vida es dejarse morir, sin más ni más, sin que nadie le mate, ni otras manos le acaben que las de la melancolía"[20].

3) Daños de orden moral y espiritual

Como es de esperar, los grandes clásicos de la espiritualidad cristiana han subrayado muy particularmente los daños espirituales que acarrea la tristeza no combatida. No podemos desarrollarlos aquí con la extensión que merecen (y es probable que no atraigan el interés de la psicología clínica), pero los enumero someramente para dar cuenta de los diversos efectos que esta pasión, cuando queda desligada del dominio racional, puede causar.

En primer lugar, "si... se comienza a enseñorear..., decía Alonso Rodríguez, os quitará el gusto de la *oración* (...) Con la

---

movimiento del apetito con huida o retraimiento, se oponen a la misma moción vital... y por tanto son dañosas de modo absoluto, como el temor y la desesperación, y más que todas, la tristeza, que agrava el ánimo con el mal presente, cuya impresión es más fuerte que la del mal futuro".

[19] Cervantes, *Don Quijote de la Mancha*; el personaje es Camila.

[20] Cervantes, *Don Quijote de la Mancha*.

tristeza y acidia espiritual cobra el ánima tanto tedio y hastío a todos los ejercicios espirituales y a todas la obras de virtud, que está como dormida, inhábil, y torpe para todo lo bueno. Y algunas veces es tan grande el fastidio que tiene uno con las cosas espirituales, que le vienen a enfadar y dar en rostro los que tratan de virtud y de perfección; y algunas veces les procura retraer y estorbar de sus buenos ejercicios"[21].

Otro efecto es la aspereza y el desabrimiento de carácter. Sigue el citado autor: "[La tristeza] hace al hombre desabrido y áspero con sus hermanos. San Gregorio dice: La tristeza mueve a ira y enojo (*Tristis ex propinquo habet iram*); y así experimentamos que cuando estamos tristes, fácilmente nos airamos y nos enfadamos luego de cualquiera cosa; y más, hace al hombre impaciente en las cosas que trata, hácele sospechoso y malicioso"[22].

Además de esto puede llevar hasta hacer perder el juicio, como muy acertadamente dice Sancho a Don Quijote a quien ve derrumbado por la melancolía: "Señor, las tristezas no se hicieron para las bestias, sino para los hombres; pero si los hombres las sienten demasiado, se vuelven bestias". Y constata Alonso Rodríguez: "Cuando reina en uno la tristeza y melancolía, tiene unas aprehensiones tan sin fundamento que los que están en su seso se suelen reír y hacer conversación de ellas como de locuras. Y a otros habemos visto hombres gravísimos de grandes letras y talentos, tan presos de esta pasión, que era gran

---

[21] Cf. Alonso Rodríguez, *Ejercicio de Perfección y virtudes cristianas*, Parte segunda, Tratado sexto: De la tristeza y la Alegría, Madrid (sin fecha), 1043. Este teólogo jesuita vivió entre 1526 y 1616. No hay que confundirlo con el santo hermano, de la misma Orden, Alfonso Rodríguez (1532-1615), quien a veces figura también como Alonso Rodríguez.
[22] Alonso Rodríguez, *Ejercicio de Perfección*, 1043.

compasión verlos unas veces llorar como criaturas, y otros dar unos suspiros que no parecía sino que bramaban, y así cuando están en su seso, y sienten venir esta locura, que bien se puede llamar así, se encierran en su aposento para, allí a solas llorar y suspirar consigo, y no perder la autoridad y opinión de los que les vieren hacer tales cosas"[23].

De este modo termina por inutilizar al hombre: "Si queréis saber de raíz los efectos, y daños que causa la tristeza en el corazón, dice Casiano, el Espíritu Santo nos los declara brevemente por el Sabio: lo que hace la polilla en la vestidura, y el gusano y carcoma en el madero, eso hace la tristeza en el corazón del hombre. La vestidura comida de polilla no vale nada, ni puede servir para nada; y el madero lleno de carcoma no es de provecho para el edificio, ni se puede cargar sobre él peso alguno, porque luego se hace pedazos; así el hombre lleno de melancolía, triste y desgraciado, se hace inútil para todo lo bueno"[24].

De aquí se siguen, ya en el plano estrictamente moral, toda suerte de pecados: "Y no para aquí el mal, sino lo que peor es, la tristeza en el corazón es causa y raíz de muchas tentaciones y de muchas caídas: *Multos enim occidit tristitia, a muchos mata la tristeza* (Si 30,23). A muchos ha hecho la tristeza caer en pecados. Y así llaman algunos a la tristeza nido de ladrones y cueva de los demonios, con mucha razón". Y sobre todo, empuja a la desesperación, como nota el mismo autor: "...Cuando el corazón de uno está triste (...) fácilmente le ahoga [el demonio] en la tristeza y desesperación... Nótese mucho esta doctrina, porque es de mucha importancia. Al que anda triste y

---

23 Alonso Rodríguez, *Ejercicio de Perfección*, 1043.
24 Alonso Rodríguez, *Ejercicio de Perfección*, 1043-1044.

melancólico, unas veces le hace el demonio venir en gran desconfianza y desesperación, como hizo con Caín y con Judas"[25]. Y como una suerte de necesidad de compensación, de este pozo la persona a veces intenta salir dándose a toda clase de placeres desenfrenados, en particular los carnales: "Otras veces... le acomete con deleites mundanos; otras con deleites carnales y sensuales, so color que con aquello saldrá de la pena y tristeza que tiene... Otras veces le suele traer el demonio pensamientos carnales y deshonestos que dan gusto a la sensualidad, y procura que se detenga en ellos, so color de que, con eso desechará la tristeza y se aliviará su corazón. Ésta es una cosa mucho de temer en los que andan tristes y melancólicos, porque suelen ser muy ordinarias en ellos estas tentaciones. Y lo advierte muy bien San Gregorio. Dice que como todo hombre naturalmente desea alguna delectación y contento, cuando no lo halla en Dios ni en las cosas espirituales, luego el demonio, que sabe bien nuestra inclinación, le representa y pone delante cosas sensuales y deshonestas, y le ofrece gusto y contento en ellas, con que le parece que se le mitiga y alivia la tristeza y melancolía presente. Entended, dice el Santo, que si no tenéis contento y gusto en Dios y en las cosas espirituales, le habéis de ir a buscar en las cosas viles y sensuales, porque no puede vivir el hombre sin algún contento y entretenimiento"[26]. Sobre esto mismo notaba San Juan de la Cruz, hablando de las tentaciones de lujuria: "Y esto en los que son tocados de melancolía acaece con tanta eficacia y frecuencia, que es de haberles lástima grande, porque padecen vida triste"[27].

---

[25] Alonso Rodríguez, *Ejercicio de Perfección*, 1044

[26] Alonso Rodríguez, *Ejercicio de Perfección*, 1044.

[27] San Juan de la Cruz, *Noche*, Prólogo, cap. 4,3.

En fin, que esto hace decir a nuestros autores que "son tantos los males y daños que se siguen de la tristeza, que dice el Sabio: *Todos los males vienen con [ella]* (Si 25,17). Y en otro lugar: *La muerte viene con ella* (Si 38,19), y aun la muerte eterna, que es el infierno... Y por eso nos avisa el Apóstol San Pablo que nos guardemos de ella, *porque quizá con la demasiada tristeza nos acontezca que demos al través* (2Co 2,7)"[28].

No debe sorprendernos que los grandes autores de la vida espiritual no solo no hayan sido *tristes personajes* —contrariamente a la idea que quizá muchos se han forjado de ellos—, sino adalides de la lucha contra esta pasión. Porque estaban convencidos que el dominio de nuestra tristeza no era simplemente una condición para estar psíquica o espiritualmente mejor, sino incluso de salvación eterna. por eso decía el ya referido Alonso Rodríguez: "Por ser tan grandes los daños y peligros que se siguen de la tristeza, nos previene y avisa tanto la Sagrada Escritura y los Santos que nos guardemos de ella. No es por vuestro consuelo, ni por vuestro gusto; que si no hubiera más que eso, poco importaba que estuviésedes triste o alegre. Y por eso también la desea y procura tanto el demonio, porque sabe que es causa y raíz de muchos males y pecados"[29].

San José de Calasanz, fundador de las Escuelas Pías, y uno de los principales hitos en la pedagogía de todos los tiempos, puso mucho ahínco en desterrar de su Orden la melancolía, la que no quería que se entrase en la vida religiosa, porque, decía, los melancólicos "suelen ser de juicio obstinado y con facilidad

---

[28] Alonso Rodríguez, *Ejercicio de Perfección*, 1045.
[29] Alonso Rodríguez, *Ejercicio de Perfección*, 1046.

acaban tísicos"[30] y no pueden durar en la vida religiosa[31]. Decía que producía una tristeza habitual, que es todo lo contrario de lo que se requiere de un buen educador[32]. En una carta de 1623, indicaba al P. Cananea que procurase "dar a entender" a un determinado religioso, "[que no] admita pensamientos melancólicos que suelen ahogar el corazón y turbar la mente, sino que piense cosas que le puedan causar alegría, como el premio que Dios tiene preparado para quienes ayudan a los pobres especialmente en las cosas espirituales, y el santo temor de Dios"[33]. Para el santo educador, la melancolía traía, entre otros efectos, el "estar con disgusto" y "hacer las obras de Dios en servicio del prójimo con el ánimo perturbado"[34].

---

[30] "Procurino ancora prima di ammetter all'habito scuoprire se alcuno patisce di melancolia, perché sogliono esser di propio giuditio et facilmente diventano etici [tuberculosos]" (San José de Calasanz, *Epistolario*, carta 1461; 10/08/1630).

[31] "... Massime se è tanto melancolico, come dice, chè non potrà durar; però vorrei che mai si pigliasse tra di noi alcun'melancolico" (San José de Calasanz, *Epistolario*, carta 1231; 13/10/1629).

[32] San José de Calasanz, *Epistolario*, carta 196.

[33] San José de Calasanz, *Epistolario*, carta 196, del 23/11/1623.

[34] "Io sento grandissimamente che la tentatione habbia condotto a V. R. a tanto sentimento o melancolia che estia con disgusto et faccia l'opera di Dio in servitio del prossimo col animo perturbato" (San José de Calasanz, *Epistolario*, carta 1149, del 10/07/1629).

III

Raíces y remedios de la tristeza

Veamos ahora las principales causas del humor melancólico y los remedios que sugerían nuestros clásicos espirituales.

Como los remedios de la tristeza son puestos, por los autores que estoy refiriendo, en directa relación con las raíces que ellos indican de este mal, debemos ver ambos aspectos relacionados.

1) El temperamento melancólico

La primera raíz es el temperamento melancólico, o "las vueltas de los humores" que dice santa Teresa[35]. Alonso Rodríguez señala: "Algunas veces nace de enfermedad natural de humor melancólico que predomina en el cuerpo". Siendo así, añade, "entonces el remedio más pertenece a los médicos que a los teólogos"[36].

Fray Luis de León, en su magnífico comentario al libro de Job, atribuye la enfermedad del bíblico varón a este humor de melancolía: "Porque su enfermedad, por ser de apostemas y llagas, era, a lo que se entiende, de humor melancólico; y ansí, por una parte, los apostemas doliendo, y por otra la melancolía

---

[35] Santa Teresa de Jesús, *Vida*, 11, 15.
[36] Alonso Rodríguez, *Ejercicio de Perfección*, 1053.

negra y corrompida asiendo del corazón y espantándole, hacían guerra al varón sancto. Porque a la verdad, en las enfermedades que son de este humor, son increíbles las tristezas y los recelos y las imágenes de temor que se ofrecen a los ojos del que padece; que sabido es lo que el padre de los médicos dice, «que la melancolía, a los que fatiga, los hace tristes y muy temerosos, y de ánimo vil». Y otro médico muy señalado: «Unos, dice, temen a sus más amigos; otros se espantan de cualquier hombre que sea; éste no osa salir a la luz; aquél busca lo escuro y lóbrego; otro lo teme y lo huye; algunos se espantan del vino y del agua y de todo aquello que es líquido; y como la melancolía sea de muchas diferencias, pero en todas es común y general el hacer tristeza y temor; que todos los melancólicos se demuestran ceñudos y tristes, y no pueden muchas veces dar de su tristeza razón, y casi todos los mismos temen y se recelan de lo que no merece ser recelado»"[37].

Ahí tenemos magníficamente descritas las principales adversidades que causa la melancolía, tanto físicas, como psíquicas. Las describe apoyado en la autoridad de Galeno y de Aetio.

Siendo su causa más remota, algo natural, también lo serán los correspondientes remedios. Antes que estos autores, ya Santo Tomás había escrito que la melancolía puramente natural se mitiga con remedios naturales, y concretamente con "el sueño y los baños": "...el baño... despeja del alma la tristeza... El descanso... libera los pechos oprimidos por la pena". Cuya explicación, sigue diciendo el mismo autor, es que "la tristeza se opone específicamente al movimiento vital del cuerpo. Por eso aquellas cosas que restablecen la naturaleza corporal a su

---

[37] Fray Luis de León, *Exposición del libro de Job*, VI, 4.

debido estado de movimiento vital son contrarias a la tristeza y la mitigan"[38].

Santa Teresa, con análogo sentido común, señalaba: "Otras cosas hay exteriores de obras de caridad y de lección, aunque a veces aun no estará para esto. Sirva entonces al cuerpo por amor de Dios, porque otras veces muchas sirva él al alma, y tome algunos pasatiempos santos de conversaciones que lo sean, o irse al campo, como aconsejare el confesor. Y en todo es gran cosa la experiencia, que da a entender lo que nos conviene. Y en todo se sirve Dios. Suave es su yugo, y es gran negocio no traer el alma arrastrada, como dicen, sino llevarla con suavidad para su mayor aprovechamiento"[39]. Y en otro lugar da las siguientes instrucciones: "Por eso tengan aviso que, cuando sintieren esto en sí, lo digan a la prelada [*superiora*], y diviértanse [*distráiganse*] lo que pudieren, y hágalas no tener horas tantas de oración sino muy poco, y procure que duerman bien y coman hasta que se les vaya tornando la fuerza natural, si se perdió por aquí. Si es de tan flaco natural que no le baste esto, créanme que no la quiere Dios sino para la vida activa, que de todo ha de haber en los monasterios. Ocúpenla en oficios, y siempre se tenga cuenta que no tenga mucha soledad, porque vendrá a perder del todo la salud. Harta mortificación será para ella; aquí quiere probar el Señor el amor que le tiene en cómo lleva esta ausencia y será servido de tornarle la fuerza después de algún tiempo y si no, con oración vocal ganará, y con obedecer, y merecerá lo que había de merecer por aquí, y por ventura más"[40]. Y al obispo Teutonio de Branganza, quien

---

[38] Santo Tomás, *Suma Teológica*, I-II, 38, 5 sed contra y corpus.
[39] Santa Teresa de Jesús, *Vida*, 11, 16.
[40] Santa Teresa de Jesús, *Moradas* 4, 3,13.

parece que padecía de este mal, le escribe el 3 de julio de 1574: "Procure vuestra señoría algunas veces, cuando se ve apretado [por la melancolía], irse adonde vea cielo, y andarse paseando, que no se quitará la oración con eso, y es menester llevar esta nuestra flaqueza de arte que no se apriete el natural. Todo es buscar a Dios, pues por él andamos a buscar medios, y es menester llevar el alma con suavidad"[41]. Y algo parecido dice a la Madre María Bautista, sobrina segunda suya, a quien diagnostica sus tristezas y melancolías como "flaqueza de imaginación y mal humor" (entiéndase en el sentido de humor enfermizo), y por eso le aconseja evitar la soledad, comer bien y vigilar los pensamientos: "Acabe ya de curarse, por amor de Dios, y procure comer bien y no estar sola, ni pensando en nada. Entreténgase lo que pudiere y como pudiere. Yo quisiera estar allá, que había bien que parlar para entenderla"[42].

Sin embargo, Alonso Rodríguez añade que, si bien el problema cae bajo la específica competencia del médico, sin embargo, algo pueden y deben aportar aquellos a quienes toca dar consejos espirituales; pues, agrega con agudeza, el temperamento melancólico "se engendra y aumenta" con los pensamientos melancólicos. Y para luchar con efectividad con las ideas pesarosas, remitiéndose a la doctrina de uno de los padres del monaquismo occidental, Casiano, da este notable consejo: "no menor cuidado habemos de poner en que no entren ni nos lleven tras sí estos pensamientos tristes y melancólicos,

---

[41] Santa Teresa de Jesús, *Carta 67, A don Teotonio de Braganza* (3 de julio de 1574).

[42] Santa Teresa de Jesús, *Carta 139, a la M. María Bautista* (2 de noviembre de 1576), 14-15.

que en los pensamientos que nos vienen contra la castidad o contra la fe, por los daños grandes que dijimos nos pueden de eso venir"[43].

Para Cervantes el temperamento melancólico se debe enfrentar oponiéndole pensamientos alegres y goces sanos. Pero no cualquier alegría, sino la que tenga verdadero fundamento, como exclama Don Quijote a Sancho: "¡Santo Dios! ¿Qué es lo que dices, Sancho amigo? —dijo don Quijote—. Mira no me engañes, ni quieras con falsas alegrías alegrar mis verdaderas tristezas". El hidalgo, que estaba loco pero no era necio, sabía que no son las alegrías mal fundadas las que pueden equilibrar un temperamento dado a la melancolía, sino las que tienen verdadera médula. Las otras son efímeras y, a la postre, pueden aumentar la tristeza patológica.

2) Las causas (y remedios) morales

Los autores espirituales no se han circunscripto a la tristeza como problema puramente natural, sino que han observado que en muchas ocasiones nuestras tristezas también tienen otras causas, ya sea que estas se sumen a la disposición natural, o bien que sean el germen principal del mal. Como es obvio, en estos casos el trabajo de la persona afectada (y de quien lo ayuda) se torna sustancial. Señalo someramente las principales raíces indicadas por los clásicos espirituales.

Ante todo, la propia voluntad; es decir, la voluntad encaprichada; causa muy extendida y origen de la mayoría de las tristezas. Dice san Juan de Ávila: "La causa de nuestros

---

[43] Alonso Rodríguez, *Ejercicio de Perfección*, 1053.

desabrimientos, tristezas y trabajos, no es otra cosa sino nuestra voluntad, la cual querríamos que se cumpliese, y porque no se cumple tomamos pena. Mas esto quitado, ¿qué cosa puede venir que nos pene, pues no nace la tristeza de venir el trabajo, mas de no querer que nos venga?"[44]

Muy relacionada con esta, señalan una segunda: las pasiones no mortificadas. "Otras veces, dice Alonso Rodríguez, sin haber precedido causa alguna particular que provoque a ello, de repente se suele hallar uno tan triste y melancólico, que no gusta de nada, ni aun de los amigos y conversaciones que antes solía gustar; sino todo le enfada y le da en rostro, y no querría tratar ni conversar con nadie: y si trata y habla, no es con aquella suavidad y afabilidad que solía, sino con sacudimiento y desgracia.De donde podemos colegir, dice Casiano, que nuestras impaciencias y palabras ásperas y desabridas no nacen siempre de ocasión que nos den nuestros hermanos para ello, sino de acá dentro; en nosotros está la causa: el no tener mortificadas nuestras pasiones es la raíz de donde nace todo eso. Y así, no es el remedio para tener paz, el huir el trato y conversación de los hombres, ni nos manda Dios eso, sino el tener paciencia y mortificar muy bien nuestras pasiones; porque si éstas no mortificamos, dondequiera que vamos y a dondequiera que huyamos, llevamos con nosotros la causa de las tentaciones y turbaciones"[45].

Siempre dentro del mismo abanico de causas, podemos añadir lo que estos autores llaman "apegos y deseos mundanos": "el apetito de criatura hace al alma pesada y triste para seguir la

---

[44]   San Juan de Ávila, *Audi filia*, c. 100.

[45]   Alonso Rodríguez, *Ejercicio de Perfección*, 1053-1054.

virtud", dice San Juan de la Cruz[46]. Y Rodríguez, haciéndose eco de pensadores anteriores a él (san Buenaventura, san Gregorio, san Agustín), dice "que la tristeza del mundo nace de estar uno aficionado a las cosas mundanas; porque claro está que se ha de entristecer el que se viere privado de lo que ama. Pero el que estuviera desasido y desaficionado de todas las cosas del mundo, y pusiere todo su deseo y contento en Dios, estará libre de la tristeza del mundo. Dice muy bien el Padre Maestro Ávila: «no hay duda sino que el penar viene del desear, y así a más desear, más penar; a menos desear, menos penar; a ningún desear, descansar».De manera, que nuestros deseos son nuestros sayones; ésos son los verdugos que nos atormentan y dan garrote"[47].

Si ahondamos más en la causa de este mal, nos toparemos a menudo con vicios más espirituales, concretamente con el orgullo humano. Vuelvo a citar a Alonso Rodríguez: "Declarando esto más, lo que suele ser muy comúnmente causa y raíz de nuestras melancolías y tristezas, es, no el humor de melancolía, sino el humor de soberbia que reina mucho en nuestro corazón; y mientras ese humor reinare en vuestro corazón, tened por cierto que nunca os faltarán tristezas y melancolías, porque nunca faltarán ocasiones; y así, siempre viviréis con pena y con tormento. Y a esto podemos reducir lo que acabamos de decir, de no estar uno indiferente para cualquier cosa que la obediencia le quisiere mandar; porque muchas veces no es el trabajo, ni la dificultad del oficio, lo que se nos pone delante, que mayor trabajo y mayores dificultades suele haber en los oficios y puestos altos que nosotros

---

[46] San Juan de la Cruz, *Subida*, I, 10, 4.
[47] Alonso Rodríguez, *Ejercicio de Perfección*, 1055.

apetecernos y deseamos; sino la soberbia y el deseo de honra.eso es lo que nos hace fácil lo trabajoso, y pesado lo que es más fácil y ligero, y lo que nos trae tristes y melancólicos en ello: y aun sólo el pensamiento y temor si nos han de mandar aquello, basta para eso"[48].

Este mismo autor señala también como "una de las causas y raíces principales de las tristezas y melancolías... suele ser el no andar uno a las derechas con Dios, el no hacer lo que debe conforme a su estado y profesión". De ahí que en tales casos, "el remedio es vivir bien y hacer lo que debéis conforme a vuestro estado. ¿Queréis nunca estar triste? dice San Bernardo: vive bien. Entrad en cuenta con vos y quitad las faltas que causan esa tristeza, y de esa manera cesará ella y vendrá la alegría. La buena vida siempre anda acompañada de gozo y alegría; como la mala, de pena y tormento. Así como no hay mayor pena y tormento que el remordimiento y latidos de la mala conciencia, así no hay mayor contento y alegría en esta vida que el testimonio de la buena conciencia"[49].

3) El conocimiento *desequilibrado* de sí mismo

Los maestros espirituales han insistido mucho en el conocimiento de sí mismo. Basta observar las meditaciones que san Ignacio de Loyola propone en la primera parte de sus *Ejercicios Espirituales* donde vuelve la mirada del ejercitante hacia su propia persona de modo de constatar lo que realmente es ante Dios: una creatura, dependiente ontológica y moralmente de Dios, y, además, cargada de miserias y pecados.

---

[48] Alonso Rodríguez, *Ejercicio de Perfección*, 1056.
[49] Alonso Rodríguez, *Ejercicio de Perfección*, 1059.

Hoy temeríamos que una actitud del género entrañe el riesgo de disparar situaciones de angustia, desesperación o depresión. Muchos, empujados por este temor, insisten casi exclusivamente en que se deben resaltar los rasgos positivos de la propia personalidad y creen que no hay otra manera de afirmar a la persona en la necesaria autoestima. Se pierde, sin embargo, un elemento muy importante de la visión espiritual clásica que contiene la clave del equilibrio psíquico. Porque (para circunscribirnos al santo citado) no puede dudarse que, por un lado, san Ignacio agolpa con maestría ante los propios ojos toda la miseria a la que nos reduce el pecado; pero, por otro, constatamos que su método no produce seres apocados y deprimidos sino auténticos líderes y personas emprendedoras como pocas veces se ha visto en la historia de la pedagogía. Lo demuestra la conocida obra Chris Lowney, *El liderazgo al estilo de los jesuitas*[50]. Este ejecutivo de la financiera J. P. Morgan, analiza en su libro los cuatro pilares sobre los que ve fundado el más exitoso método de formación de líderes y conquistadores de toda la historia (aserto confirmado, según el autor, por cinco siglos de logros ininterrumpidos). Tales pilares son, según Lowney: autoconocimiento, creatividad, amor y heroísmo. ¿Cómo es posible que el autoconocimiento de la propia nada y de la propia miseria moral en el que Ignacio comienza sumergiendo al ejercitante, culmine forjando un conquistador del mundo? La respuesta está en que, para él como para los demás autores espirituales que hemos citado hasta aquí, el equilibrio no es buscado entre las cualidades negativas y las positivas del mismo sujeto, sino entre las primeras y el amor de Dios por el hombre; un amor misericordioso que levanta al

---

[50]   Chris Lowney, *El liderazgo al estilo de los jesuitas* (2008).

hombre de sus postraciones, lo sostiene en su labilidad y lo eleva por encima de sus potencias naturales. Solo traeré un texto a colación, que es de otro autor a quien san Ignacio admiró toda su vida, el Maestro Juan de Ávila. Dice este:

"Los que mucho se ejercitan en el propio conocimiento, como tratan a la continua, y muy de cerca, sus propios defectos, suelen caer en grandes tristezas, desconfianzas y pusilanimidad de corazón; por lo cual es necesario que se ejerciten en otro conocimiento que les alegre y esfuerce, mucho más que el primero les desmayaba. Y para esto, ninguno otro hay igual como el conocimiento de Jesucristo nuestro Señor; especialmente pensando cómo padeció y murió por nosotros. Esta es la nueva alegre, predicada en la nueva Ley a todos los quebrantados de corazón (Is 61,1), y les es dada una medicina muy más eficaz para su consuelo, que sus llagas les pueden desconsolar. Este Señor crucificado es el que alegra a los que el conocimiento de sus propios pecados entristece, y el que absuelve a los que la Ley condena, y el que hace hijos de Dios a los que eran esclavos del demonio. A éste deben procurar conocer y allegarse todos los adeudados con espirituales deudas de pecados que han hecho, y que por ello están en angustia y amargura de corazón cuando se miran; e irles ha bien, como en otro tiempo se llegaron a Santo Rey David (1Re 22,2), adeudados y angustiados con deudas de acá, y sintieron provecho con su compañía. Porque así como se suele dar por consejo que miren arriba o fuera del agua a los que pasan algún río y se les desvanece la cabeza mirando las aguas que corren, así quien sintiere desmayo mirando sus culpas, alce sus ojos a Jesucristo puesto en la cruz y cobrará esfuerzo. Porque no en balde se dijo (Sal 41,7): «En Mi mismo fue mi ánima conturbada; y por esto me acordaré de ti, de la tierra de Jordán y de los montes de Hermón y monte pequeño». Porque los misterios que Cristo obró en su Bautismo y Pasión son bastante para sosegar cualquier tempestad de desconfianza que en el corazón se levante"[51].

El mismo escribiendo a una mujer atribulada, le dice:

"No querría tampoco que por pensar que vuestras culpas han causado eso que tenéis, os desconsoléis y entristezcáis tanto, que caigáis en algún despeñadero de desesperación. Quiero que por una parte os humilléis creyendo que vuestros pecados lo merecen: y que por otra os consoléis acordándoos que sois hija de Dios, y no de las olvidadas"[52].

Pido disculpas por la extensión del primer texto y el suplemento de un segundo, pero considero este punto

---

[51] San Juan de Ávila, *Audi filia*, 68. San Ignacio hace algo semejante en lo que él llama "coloquio de misericordia", que acompaña las meditaciones de los propios pecados y miserias: "Acabar con un coloquio de misericordia, razonando y dando gracias a Dios nuestro Señor, porque me ha dado vida hasta agora, proponiendo enmienda con su gracia para adelante" (San Ignacio, *Libro de los Ejercicios*, n. 61). "Haciendo un coloquio a Christo nuestro Señor (...) y con esto darle gracias, porque no me ha dexado caer en ninguna destas acabando mi vida. Asimismo, cómo hasta agora siempre ha tenido de mi tanta piedad y misericordia" (*Ibídem*, n. 71).

[52] San Juan de Ávila, *Carta 21*, a una mujer atribulada, tomo 1, p. 401.

importante, ya que a menudo observo que muchos profesionales no encuentran el modo adecuado para lograr que sus pacientes, aquejados de cierto mal que califico como "autopercepción deprimente", alcancen una autoestima equilibrada. Por el contrario, no es infrecuente que algunos les hagan dirigir sus miradas hacia sí mismos, a sus cualidades positivas (a veces no claramente enfocadas), consiguiendo, a veces un optimismo meramente transitorio, y otras una firmeza fundada sobre una base no siempre real y estable. Una vez más, no es mi intención imponer una mirada religiosa, sino solamente mostrar cómo se hace desde tal perspectiva, con los resultados a la vista. Me parece que no se diferencia mucho de la que expresaba el célebre psiquiatra Aquilino Polaino, al cerrar su conocido libro *En busca de la autoestima perdida* con estas palabras: "En síntesis, que la autoestima más estable, constante y verdadera sería aquella que satisficiera las condiciones siguientes: (a) quererse a sí mismo en Dios; (b) quererse como Dios nos quiere; (c) querer a los otros como Dios los quiere; (d) querer a Dios como Dios quiere ser querido. ¿Acaso se pierde algo por intentarlo?"[53] Como se ve, un programa no muy lejano del de los maestros espirituales que hemos mencionado.

---

[53] Polaino Lorente, A., *En busca de la autoestima perdida*, Bilbao (2003), 234.

IV

Santa Teresa y las personas melancólicas

Hemos citado varias veces a santa Teresa de Jesús, porque la santa prestó singular atención al fenómeno de la tristeza en la vida religiosa y a los estragos que podía llegar a provocar si no se atendía a su prevención y buen manejo posterior. En la medida de lo posible no quería que se admitiese a la vida religiosa nadie con este humor de melancolía, o sea tristeza profundamente arraigada. Llega a decir en carta al P. Jerónimo Gracián, que "harto más valdría no fundar que llevar melancólicas que estraguen la casa"[54].

Hay un texto que tiene un valor singular para nuestro tema: es el capítulo 7 del *Libro de las Fundaciones*, que la santa titula: "De cómo se han de haber con las que tienen melancolía"[55]. El capítulo está dedicado a las "preladas", es decir, las superioras, quienes de ser médicos de esta enfermedad. Tengamos en cuenta que bajo el término "melancolía" o "humor de melancolía", la santa entiende una cierta gama de anomalías que no es fácil de reducir a una sola categoría, pero que se caracterizan por un singular acento en la tristeza persistente.

---

[54] Santa Teresa, *Fragmentos ácronos*, n. 6; carta 457 (edición BAC, Madrid 1976, p. 1124; estos fragmentos varían de numeración según las ediciones).

[55] Santa Teresa, *Fundaciones*, c. 7; lo que a continuación aparece entre comillas, sin referencias particulares, corresponde a este capítulo.

Era un fenómeno que, al parecer se presentaba con una cierta frecuencia en su tiempo, sin ahorrar daño en las casas religiosas; por eso las hermanas del convento de San José de Salamanca, habían pedido a la santa que "diga algo de cómo se han de haber" con este tipo de casos. Vemos, por lo que escribe Teresa, que el criterio era, en la medida de lo posible "no tomar las que le tienen", es decir, no admitirlas. Pero esto no resultaba fácil, porque no siempre se veía claro de entrada: "es tan sutil que se hace mortecino para cuando es menester y así no lo entendemos hasta que no se puede remediar".

Uno de los efectos que destaca la santa en las personas afectadas de este mal es que tienen mil maneras de imponer su voluntad que obliga a quienes están a su cargo o a quienes deben ayudarlas a encontrar también muchos modos de practicar la paciencia y de evitar que perjudiquen a los demás: "son tantas las invenciones que busca este humor para hacer su voluntad, que es menester buscarlas para cómo lo sufrir y gobernar sin que haga daño a las otras".

Entre los que padecen este problema, distingue la santa los que son virtuosos de los que no lo son, porque lo llevan de modo diverso y las cargas que ponen en los demás son también muy distintas: "Hase de advertir que no todos los que tienen este humor son tan trabajosos, que cuando cae en un sujeto humilde y en condición blanda, aunque consigo mismos traen trabajo, no dañan a los otros, en especial si hay buen entendimiento". Admite diversos grados: "Y también hay más y menos de este humor".

Señalé más arriba que Teresa coloca como principal efecto de la tristeza aguda la sujeción de la razón, la cual, decía la santa, si es total ("si no hay razón") no es otra cosa que "locura". Ella, sin embargo, no considera estos casos como los más difíciles de llevar, diciendo: "Parece que si no hay razón, que es ser locos, y es así; mas en las que ahora hablamos, no llega a tanto mal, que harto menos mal sería. Mas haber de tenerse por persona de razón y tratarla como tal no teniéndola, es trabajo intolerable; que los que están del todo enfermos de este mal, es para haberlos piedad, mas no dañan y, si algún medio hay para sujetarlos, es que hayan temor [nota: es decir, que tengan temor, infundírselo]".

Parece que la santa considera más sencillo —si así pudiera decirse, que en esto, de facilidad hay poco y nada— sobrellevar un enfermo grave de melancolía (un auténtico depresivo) que uno a medio camino. Estos últimos son aquellos que han advertido que pueden usar sus tristezas y decaimientos en beneficio propio, esto es, para hacer lo que ellos quieren. Nos dice nuestra fina observadora: "Porque, si entienden que algunas veces han bastado sus clamores y las desesperaciones que dice el demonio en ellos, por si pudiese echarlos a perder, ellos van perdidos, y una [*sola persona*] basta para traer inquieto un monasterio (...) Porque es cosa peligrosa, que, como es a tiempos [= a intervalos] el apretar este humor tanto que sujete la razón (y entonces no será culpa, como no lo es a los locos, por desatinos que hagan; mas a los que no lo están, sino enferma la razón, todavía hay alguna, y otros tiempos están buenos), es menester que no comiencen en los tiempos que están malos a tomar libertad, para que cuando están buenos no sean señores de sí, que es terrible ardid del demonio. Y así, si lo miramos, en lo que más dan es en salir con lo que quieren y decir todo lo que se les viene a la boca y mirar faltas en los otros con que encubrir las suyas, y holgarse en lo que les da gusto; en fin, como quien no tiene en sí quien la resista. Pues las pasiones no mortificadas y que cada una de ellas querría salir con lo que quiere, ¿qué será, si no hay quien las resista?"

Como podemos observar, la santa advierte que en la mayoría de los casos este mal se presenta a intervalos, y admite que cuando una persona cae en accesos profundos de melancolía, su razón está impedida y no es responsable de sí, porque no puede tener dominio de sus actos, ni de sus pasiones. El problema que se plantea es que si en esos momentos, basados en la falta de responsabilidad de sus actos, se le permite hacer lo que ella quiera —que es o no hacer nada, o solo llorar, o abandonarse, o criticar todo, o quejarse y lamentarse sin cesar— esto genera disposiciones cada vez más estables en la persona, que se vuelven un hábito que las empuja a obrar del mismo modo también en los momentos en que vuelven a tener uso de su razón, con el agravante de que ahora manipulan a los demás con la excusa de su dolencia y con los precedentes sentados de las libertades que se les venían concediendo. Quedan, así, sujetas al capricho; o mejor, a sus hábitos caprichosos, que se han construido en los momentos en que las han dejado obrar libremente, excusándose en la falta de plena responsabilidad que las aquejaba.

Teresa comprende que estos estados, cuando son reales, requieren intervención médica: "a tiempos es muy necesario adelgazar el humor con alguna cosa de medicina para poderse sufrir; y estese en la enfermería"[56].

Pero al mismo tiempo indica que es necesario ser exigentes con estas personas: "y entienda que, cuando saliere

---

[56] Santa Teresa, como ha mostrado el P. Bilbao Aristegui en *Santa Teresa enfermera* (ed. Monte Carmelo, Burgos, 1982), sabía bastante de medicinas, según los conocimientos posibles en su tiempo.

[de la enfermería] a andar en comunidad, que ha de ser humilde como todas y obedecer como todas; y cuando no lo hiciere que no le valdrá el humor [*no hay que permitir que se excuse con su enfermedad*]". Esto, incluso si se sabe que no son totalmente responsables de sus actitudes. Esto lo dice amparada en su experiencia: "Torno a decir, como quien ha visto y tratado muchas personas de este mal, que no hay otro remedio para él, si no es sujetarlas por todas las vías y maneras que pudieren. Si no bastaren palabras, sean castigos; si no bastaren pequeños, sean grandes; si no bastare un mes de tenerlas encarceladas, sean cuatro: que no pueden hacer mayor bien a sus almas. Porque, como queda dicho y lo torno a decir (porque importa para las mismas entenderlo, aunque alguna vez, o veces, no puedan más consigo), como no es locura confirmada de suerte que disculpe para la culpa, aunque algunas veces lo sea, no es siempre, y queda el alma en mucho peligro; sino estando como digo la razón tan quitada que la haga fuerza, hace lo que, cuando no podía más, hacía o decía. Gran misericordia es de Dios a los que da este mal, sujetarse a quien los gobierne, porque aquí está todo su bien, por este peligro que he dicho. Y, por amor de Dios, si alguna leyere esto, mire que le importa por ventura la salvación". Más adelante añade: "Créanme que lo he probado, y que, a mi parecer, intentado hartos remedios, y que no hallo otro".

Tomemos en sentido muy amplio sus sugerencias de castigos y encarcelamientos. No olvidemos que escribe en el siglo XVI, cuando muchas de las terapias administradas a los enfermos mentales, incluían una notable sesión de palos. Algunos santos, a quienes creyeron locos en algún momento de su vida, lo experimentaron en sus propias costillas, como san Juan de Dios, el gran apóstol de los enfermos de Granada. El electroshock que reemplazaría unos siglos más tarde estos brutales métodos tampoco estaba muy lejos de ellos. Lejos de nosotros entenderlo en este sentido. Debemos, pues, traducir estos conceptos en el sentido de *firmeza y resolución* con estos enfermos, las que deben acompañarse al mismo tiempo de gran compresión y compasión. Y lo deja entender la misma santa, pues entre sus directivas, dice también a las superioras que las lleven "con mucha piedad, así como verdadera madre, y buscar los medios que pudiere para su remedio".

La santa testimonia, por eso, el gran bien que hace en las personas enfermas de melancolía la verdadera y arraigada virtud: "Yo conozco —dice— algunas personas que no les falta casi nada para del todo perder el juicio; mas tienen almas humildes y tan temerosas de ofender a Dios, que, aunque se están deshaciendo en lágrimas y entre sí mismas, no hacen más de lo que les mandan y pasan su enfermedad como otras hacen, aunque esto es mayor martirio, y así tendrán mayor gloria, y acá el purgatorio para no le tener allá. Mas torno a decir, que las que no hicieren esto de grado, que sean apremiadas de las preladas [*superioras*]; y no se engañen con piedades indiscretas, para que se vengan a alborotar todas con sus desconciertos".

El principal peligro de la falta de firmeza con quienes tienen este tipo de problemas no es el desorden que pueden acarrear a la comunidad en la que viven (comunidad religiosa o familia), sino el daño que se causan a sí mismas, ya que la misma persona termina por perder la capacidad de discernir lo que es efecto de una melancolía que anula su voluntad de lo que nace de sus hábitos caprichosos: "toda la propia voluntad y libertad llaman ya melancolía", dice la santa.

Para todo esto se requiere un arte poco común, capaz de amalgamar dos actitudes tan diversas como la compasión casi maternal con la más rigurosa firmeza. Santa Teresa es consciente de esta dificultad y por eso añade: "Parece que me contradigo, porque hasta aquí he dicho que se lleven con rigor. Así lo torno a decir: que no entiendan que han de salir con lo que quieren, ni salgan, puesto en término de que hayan de obedecer; que en sentir que tienen esta libertad está el daño. Mas puede la priora no las mandar lo que ve han de resistir, pues no tienen en sí fuerza para hacerse fuerza; sino llevarlas por maña y amor todo lo que fuere menester, para que, si fuese posible, por amor se sujetasen, que sería muy mejor y suele acaecer, mostrando que las ama mucho, y dárselo a entender por obras y palabras. Y han de advertir que el mayor remedio que tienen es ocuparlas mucho en oficios para que no tengan lugar de estar imaginando, que aquí está todo su mal; y aunque no los hagan tan bien, súfranlas algunas faltas, por no las sufrir otras mayores estando perdidas, porque entiendo que es el más suficiente remedio que se les puede dar, y procurar que no tengan muchos ratos de oración, aun de lo ordinario; que, por la mayor parte, tienen la imaginación flaca y haráles mucho daño, y sin eso se les antojarán cosas que ellas ni quien las oyere no lo acaben de entender".

Estos autores que venimos citando siempre indican el equilibrio y la mesura de los sentimientos. Así, san Juan de Ávila quien explicaba el modo de comportarse con las siguientes palabras: "Sepan también los escrupulosos y entristecidos, que no se contenta el Señor de que siempre anden pensando en los pecados que han hecho, sepultados en tristeza y desmayo, como Lázaro en el sepulcro; mas que es su voluntad, que tras la mortificación y penitencia que han hecho, por la cual tienen semejanza con su Pasión, tengan también consuelo con la esperanza del perdón, por la cual sean semejantes a su Resurrección; y que, pues han besado sus sacratísimos pies, llorando pecados, se levanten a besarle las manos por los beneficios recibidos, y caminen entre temor y esperanza, que es camino seguro"[57].

---

[57] San Juan de Ávila, *Audi filia*, 81.

V

Consejos prácticos teresianos

Tratemos de recoger sintéticamente los principales consejos para sobrellevar el problema de la tristeza y la melancolía que podemos recoger de los escritores citados y, en particular, de santa Teresa, quien se muestra tan fina maestra[58]

Ante todo, el trato afectuoso al que padece estos males: "llevarlas por maña y amor todo lo que fuere menester, para que, si fuese posible, por amor se sujetasen, que sería muy mejor y suele acaecer, mostrando que las ama mucho, y dárselo a entender por obras y palabras"[59].

Cuando es posible, que reciban una medicación apropiada: "es muy necesario adelgazar el humor con alguna cosa de medicina para poderse sufrir"; hay que "buscar los remedios que pudiere para su remedio"[60].

Evitarles la soledad: "Procure no estar sola... Yo quisiera estar allá, que había bien que parlar para entenderla"[61].

---

[58] Los tomo de la obra de Escobar Aguilar, Oswaldo, *Manual de discernimiento teresiano*, San Pablo, Bogotá (2015), 411-416.

[59] Santa Teresa, *Libro de las Fundaciones*, 7, 9.

[60] Santa Teresa, *Libro de las Fundaciones*, 7, 8.

[61] Santa Teresa de Jesús, *Carta 139, a la M. María Bautista* (2 de noviembre de 1576), 14-15.

Procurar que se cuiden en las comidas, comiendo bien y evitando lo que sea tóxico: "procure comer bien"[62]; "Téngase en cuenta con que no coman pescado, sino pocas veces; y también en los ayunos es menester no ser tan continuos como lo demás"[63].

Tener con estas personas un trato caritativo pero siempre firme, porque el melancólico tiende consciente o inconscientemente a manipular a quienes lo rodean, para hacer sus caprichos; por eso "la razón que en la enferma está oscurecida es menester esté más clara en la prelada (superiora o director del alma)"[64].

Alentar a los enfermos a que, en la medida de sus posibilidades, ejerciten las virtudes[65]. El tenerles lástima desmedida y, en consecuencia, no querer exigirles nada, es una actitud dañina para con estas personas.

Evitarles que estén pendientes de sus pensamientos y estados de ánimo, incluso acortándoles los tiempos de oración: "Procuren que no tengan muchos ratos de oración, aun de lo ordinario, que por la mayor parte tienen imaginación flaca y haráles mucho daño, y sin eso se les antojarán cosas que ellas ni quien las oyere no lo acaben de entender"[66].

Cambiándoles los momentos de soledad por actividades más operosas y caritativas, y oficios abundantes: "Y han de

---

[62] Santa Teresa de Jesús, *Carta 139, a la M. María Bautista* (2 de noviembre de 1576), 14-15.

[63] Santa Teresa, *Libro de las Fundaciones*, 7, 9.

[64] Santa Teresa, *Libro de las Fundaciones*, 7, 3.

[65] Santa Teresa, *Libro de las Fundaciones*, 7, 5.

[66] Santa Teresa, *Libro de las Fundaciones*, 7, 9.

advertir que el mayor remedio que tienen es ocuparlas mucho en oficios"[67].

Y también alguna actividad física y sanamente recreativa, de modo "que no tengan lugar de estar imaginando, que aquí está todo su mal"[68].

En particular santa Teresa cuenta cómo le ayudó a ella misma el distinguir entre imaginación y entendimiento, puesto que la primera escapa a menudo del control pleno de la segunda, surgiendo no ya pensamientos conscientes sino involuntarios. San Juan de la Cruz los denominaba "aves ligeras"[69]. "Querría dar a entender que el alma no es el pensamiento [= imaginación], ni la voluntad es mandada por él, que tendría harta mala ventura; por donde el aprovechamiento del alma no está en pensar mucho, sino en amar mucho"[70]. Cuando comprendió que tales imaginaciones no responden al control de la voluntad, santa Teresa dejó de angustiarse: "Y así no es bien que por los pensamientos nos turbemos ni se nos dé nada; que si los pone el demonio, cesará con esto; y si es, como lo es, de la miseria que nos quedó del pecado de Adán con otras muchas, tengamos paciencia y sufrámoslo por amor de Dios, pues estamos también sujetas a comer y dormir, sin poderlo excusar, que es harto trabajo"[71].

---

[67] Santa Teresa, *Libro de las Fundaciones*, 7, 9.
[68] Santa Teresa, *Libro de las Fundaciones*, 7, 9.
[69] "Llama aves ligeras a las digresiones de la imaginativa, que son ligeras y sutiles en volar a una parte y a otra" (San Juan de la Cruz, *Cántico espiritual*, 20 y 21).
[70] Santa Teresa, *Libro de las Fundaciones*, 5, 2.
[71] Santa Teresa, *Moradas* 4, 1, 11.

VI

Elogio de la alegría

Como hemos podido ver, muchos autores espirituales del pasado, a pesar de que la mayoría de nuestros contemporáneos se ha forjado la idea de que profesaron una vida espiritual triste y gris, fueron, en realidad, enemigos declarados de la tristeza y apuntaron muy fuertes cañones a combatirla. Eran conscientes, quizá más que nosotros, del alcance de sus daños, y aunque tenían un concepto muy serio del mundo y de sus peligros, desconfiaban con igual empeño de la melancolía y del pesimismo. Este es el motivo por el que vale la pena tener en cuenta sus advertencias y consejos.

Si algo trataron de fomentar, fue, en cambio, la alegría humana, fundada no solo en razones efímeras sino en motivos sobrenaturales. San Ignacio, quien en el libro de los *Ejercicios Espirituales* recomendaba durante las meditaciones y contemplaciones de la Pasión de Cristo "esforzar[se] a doler, tristar y llorar", sin embargo, al llegar a las contemplaciones pertinentes a la Resurrección del Señor, exige del ejercitante "pedir gracia para me alegrar y gozar intensamente de tanta gloria y gozo de Christo nuestro Señor"[72]. E invita a concluir sus ejercicios con una contemplación que él titula sugestivamente, "Para alcanzar amor", donde prima la nota del gozo, del equilibrio, de la conciencia del amor divino, fundamento de toda dicha y contento humano.

---

[72] San Ignacio de Loyola, *Ejercicios Espirituales*, nn. 195 y 221.

Alonso Rodríguez nos recuerda las palabras de san Pablo a los filipenses: "Gozaos siempre en el Señor; otra vez os torno a decir que os gocéis y regocijéis"; y añade a continuación: "Lo mismo nos repite muchas veces en los Salmos el profeta David: «Alegraos en el Señor y regocijaos, oh justos, y gloriaos todos los rectos de corazón» (Sal 31,11). «Salten de gozo y alégrense en ti, Señor, todos los que te buscan» (Sal 69,5). «Cantad a Dios con júbilo, moradores todos de la tierra, servid al Señor con alegría: llenos de alborozo llegad a su presencia» (Sal 99,1). «Alégrese el corazón de los que buscan al Señor» (Sal 104,3). Y en otros muchos lugares nos exhorta a menudo a que sirvamos a Dios con alegría. Y con esto saludó el ángel a Tobías: «Dios te dé siempre mucho gozo y alegría» (Tb 5,11). Solía decir el bienaventurado San Francisco: al demonio y a sus miembros pertenece estar triste, mas a nosotros alegrarnos siempre en el Señor. «En las moradas de los justos siempre se ha de oír voz de alegría y de salud» (Sal 117,15). Hanos traído el Señor a su casa, y escogido entre millares; ¿cómo habemos de andar tristes?"[73].

Estos directores de almas estaban convencidos de que la alegría es lo que Dios quiere para el hombre y el clima más adecuado para el equilibrio psíquico y para la santidad personal. No voy a abundar más en textos, que los ya citados han sido más que suficientes, pero podríamos traer a colación aquellos en que Alonso Rodríguez sostiene que la alegría del hombre: (a) es "lo [que] quiere el Señor"; (b) "redunda en mucha gloria y honra de Dios"; (c) aprovecha y edifica a los prójimos y abona la virtud; (d) hace más meritorias las obras; (e) aumenta la esperanza y ayuda a perseverar en el bien[74].

---

[73] Alonso Rodríguez, *Ejercicio de Perfección*, 1046.
[74] Alonso Rodríguez, *Ejercicio de Perfección*, 1046-1050.

Y por la misma razón, lamentan estos autores a los que se dejan abatir y entristecer incluso por sus propios pecados, porque, "aun en las caídas... no habemos de desmayar, ni desanimarnos, ni andar tristes y melancólicos". Cierto que el pecado —al implicar un quiebre con Dios— es razón más que suficiente para entristecer el alma, pero, aun así, continúa Alonso Rodríguez, "San Pablo dice que esa tristeza ha de ser templada y moderada con la esperanza del perdón y misericordia de Dios, para que no cause desmayo ni desconfianza: «Porque no acontezca por ventura que ese tal dé al través con la demasiada tristeza» (2Co 2,7)"[75]. A esta la llama san Juan de Ávila "tristeza desaprovechada", que ahelea [pone gusto a hiel] los corazones, y los deja "desabridos consigo y con sus prójimos", desmayados y desanimados. De ahí que dijere a los pecadores: "Si se vieren caídos, lloren, mas no desconfíen"[76].

En verdad, podemos decir que el interés que la psicología de los últimos tiempos ha mostrado por los problemas de melancolía, tristeza, desánimo, pesimismo y depresión, puede enriquecerse y estimularse notablemente si se decidiera a dedicar una parte de sus esfuerzos a la lectura atenta de los clásicos maestros de la espiritualidad española del siglo de oro. Ciertamente, ningún profesional con auténtico espíritu humanista —esencial al todo aquel que trata con la persona humana— verá defraudado sus esmeros en tal tarea.

---

[75] Alonso Rodríguez, *Ejercicio de Perfección*, 1051.
[76] Cf. San Juan de Avila, *Audi filia*, cap. 23.

Índice

www.ingramcontent.com/pod-product-compliance
Lightning Source LLC
Chambersburg PA
CBHW020437030426
42337CB00014B/1298